Gair i Rieni

Mae pob plentyn bach yn hoffi dysgu geiriau. Mae'n rhan o'r broses naturiol o ddatblygu iaith, sy'n elfen mor bwysig ym mhob agwedd ar ddysgu.

Yn *Y Can Gair Cyntaf* ceir 100 o'r geiriau Cymraeg mwyaf cyffredin a defnyddiol, gyda llun bach i egluro pob un. Mae lluniau mawr yn dangos sefyllfaoedd bob dydd, lle gwelir y gwrthrychau yn eu cyd-destun.

Mae'r llyfr hwn yn cynnig digonedd o hwyl. Gallwch ofyn i'ch plentyn enwi'r gwrthrychau yn y lluniau bach, a chwilio amdanynt yn y lluniau mawr ac yn y byd go iawn; a gallwch sgwrsio am y bobl a digwyddiadau yn y lluniau. Bydd yr holl gamau hyn yn atgyfnerthu ei gilydd yn y broses o ddysgu geiriau.

Gwnewch yn siŵr fod eich plentyn yn mwynhau dysgu. Bydd yn magu hyder wrth lwyddo i gofio mwy a mwy o eiriau. Cofiwch ganmol ei ymdrechion – a rhoi'r llyfr heibio pan fydd yn blino.

Notes for Parents

Every child likes learning words. It is part of the natural process of language development, which is such an important element in all learning.

This book contains 100 of the most common and useful Welsh words, each explained by a small picture and the corresponding English word. Large pictures portray everyday situations, where the objects are seen in their context.

This book offers plenty of fun. You can ask your child to name the objects in the small pictures, and look for them in the large ones and in the real world; and you can chat about the people and incidents in the pictures. All these steps reinforce each other in the process of learning words.

Make sure that your child enjoys learning. He or she will gain confidence as they succeed in remembering more and more words. Remember to praise their efforts – and to put the book aside when they tire.

DREF WEN

THE FIRST 100 WELSH WORDS

Y Can Gair Cyntaf

Heather Amery
Lluniau / Illustrations: Stephen Cartwright
Testun Cymraeg / Welsh text: Roger Boore
Dylunio / Design: Mike Olley, Jan McCafferty

Cofiwch chwilio am yr hwyaden fach felen ym mhob llun.
There is a little yellow duck to find in every picture.

Yr ystafell fyw The living room

tad
father

mam
mother

bachgen
boy

merch
girl

baban
baby

ci
dog

cath
cat

Gwisgo Getting dressed

esgidiau
shoes

trôns
pants

siwmper
jumper

fest
vest

trowsus
trousers

crys T
t-shirt

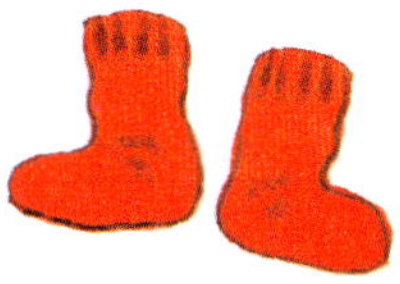

sanau
socks

Yn y gegin In the kitchen

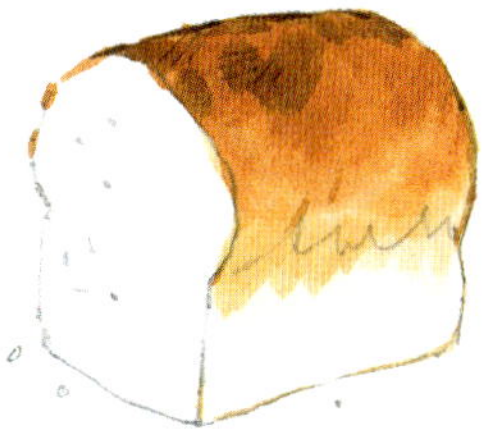

bara
bread

llaeth, llefrith
milk

wyau
eggs

afal
apple

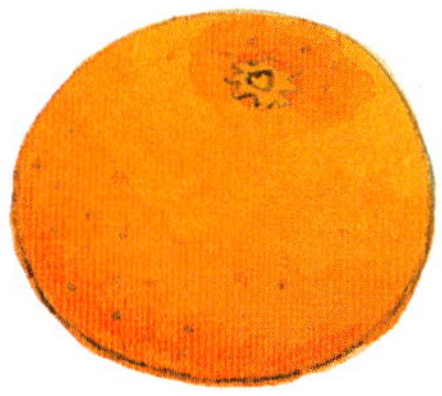

oren
orange

banana
banana

Golchi'r llestri Washing up

bwrdd, bord
table

cadair
chair

plât
plate

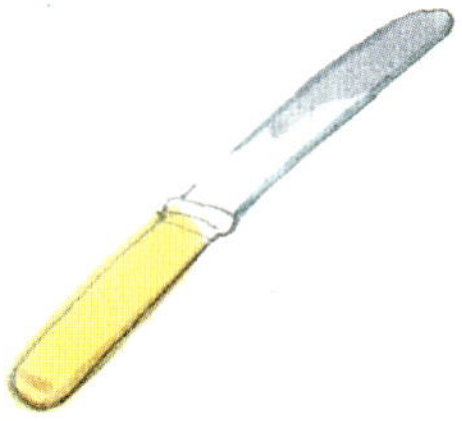

cyllell
knife

fforc
fork

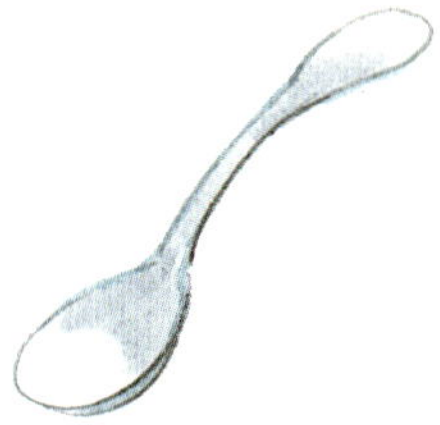

llwy
spoon

cwpan
cup

Chwarae Playing

ceffyl
horse

dafad
sheep

buwch
cow

iâr
hen

mochyn
pig

trên
train

blociau
blocks

Ymweliad   A visit

mam-gu, nain
grandmother

tad-cu, taid
grandfather

sliperi
slippers

cot
coat

ffrog
dress

het
hat

Yn y parc In the park

coeden
tree

blodyn
flower

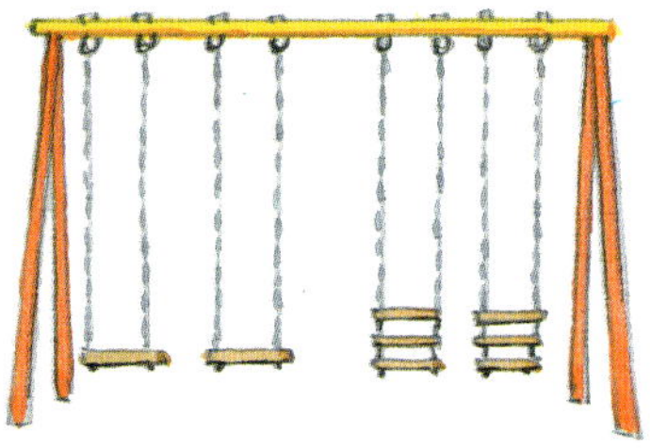

siglenni
swings

pêl
ball

llithren
slide

esgidiau glaw
boots

aderyn
bird

cwch
boat

Yn y stryd
In the street

car
car

beic
bicycle

awyren
aeroplane

lori
lorry

bws
bus

tŷ
house

Cael parti Having a party

balŵn
balloon

teisen
cake

cloc
clock

hufen iâ
ice cream

pysgodyn
fish

bisgedi
biscuits

melysion
sweets

Y pwll nofio The swimming pool

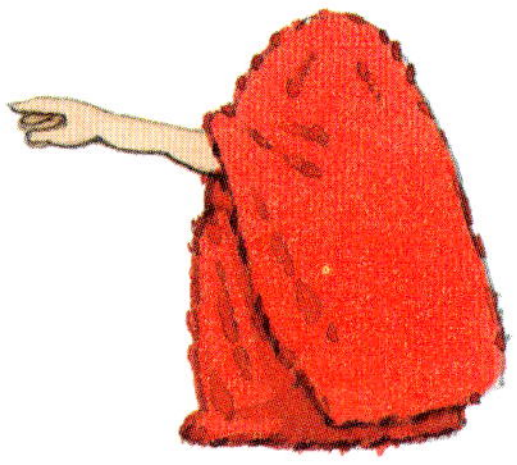

braich
arm

llaw
hand

coes
leg

traed
feet

bysedd traed
toes

pen
head

pen ôl
bottom

Yr ystafell newid The changing room

ceg
mouth

llygaid
eyes

clustiau
ears

trwyn
nose

gwallt
hair

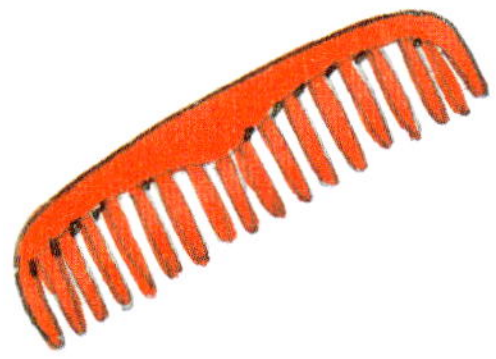

crib
comb

brws
brush

Yn y siop In the shop

coch
red

glas
blue

gwyrdd
green

melyn
yellow

pinc
pink

gwyn
white

du
black

Cael bath Having a bath

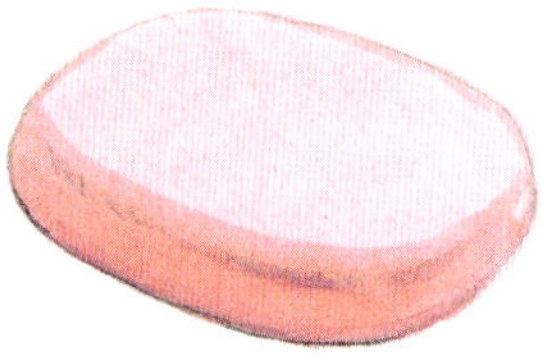

sebon
soap

tywel
towel

toiled
toilet

bath
bath

bol
tummy

hwyaden
duck

Amser gwely   Bed time

gwely
bed

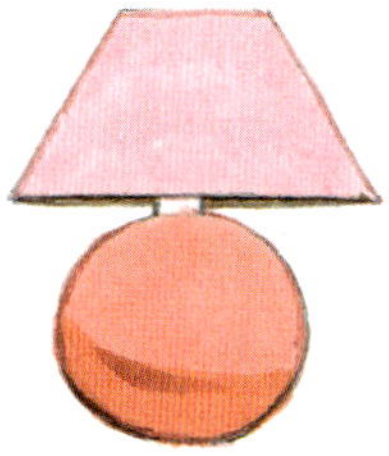

lamp
lamp

ffenestr
window

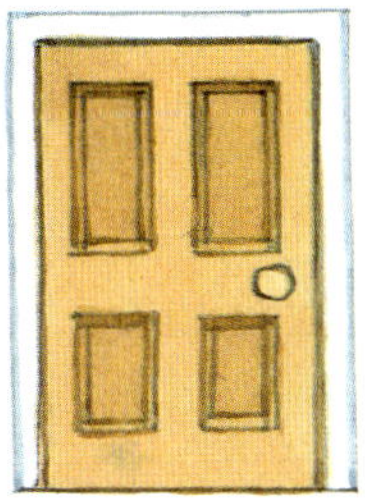

drws
door

llyfr
book

dol
doll

tedi
teddy

Pa air sy'n perthyn i ba lun?

Which word belongs to which picture?

afal

banana

buwch

bwrdd, bord

car

cath

ci

cloc

cyllell

dol

esgidiau glaw

fest

ffenestr

fforc

het

hufen iâ

hwyaden

lamp

llaeth, llefrith

llyfr

mochyn

oren

pêl

pysgodyn

sanau

siwmper

tedi

teisen

trên

wy

Rhifau Numbers

1 un
one

2 dau
two

3 tri
three

4 pedwar
four

5 pump
five

1 un
one

2 dau
two

3 tri
three

4 pedwar
four

5 pump
five

Y geiriau mewn trefn The words in order

Dyma restr o'r geiriau yn y llyfr, yn nhrefn y wyddor, gyda rhif y tudalen lle maen nhw'n ymddangos gyda'r lluniau.

This is a list of the words in the book, in alphabetical order, with the numbers of the pages where they appear with the pictures.

Cyhoeddwyd 2002 gan Wasg y Dref Wen, 28 Ffordd yr Eglwys, Yr Eglwys Newydd, Caerdydd CF14 2EA, ffôn 029 20617860, e-bost info.drefwen@btinternet.com
Cyhoeddiad Cymraeg cyntaf 1988; diweddarwyd 2002. Cyhoeddiad gwreiddiol gan Usborne Publishing Cyf dan y teitl *First hundred words*; diweddarwyd 2001.

Argraffwyd yn Sbaen.